Christian Pfister-Langanay
Maître de conférences en Histoire moderne
à l'Université du Littoral Côte d'Opale (Boulogne).

La pêche en Islande

En médaillon en haut : **Paimpol (Côtes-d'Armor) -** Mitaine renforcée à la pomme, Musée de la Mer. © C. Renault
En bas : **Paimpol (Côtes-d'Armor) -** Le grand bassin avant le départ des goélettes pour l'Islande. © coll. Claude Roy

Éditions Jean-Paul Gisserot
www.editions-gisserot.eu

Préface

La pêche à Islande a été une activité majeure dans l'économie maritime de la France. Plus de 10 000 armements ont été effectués à partir de Dunkerque, entre 1737 et 1938. Près de 2 500 autres ont été réalisés à Paimpol sur une période beaucoup plus courte de 1852 à 1935. Bien d'autres ports y ont participé.

Nous nous concentrerons sur la longue période qui précède l'arrivée des chalutiers à vapeur. Cette pêche a été particulièrement importante à tout niveau pour la vie de ces cités. Réalité sociale et réalité économique sont étroitement liées et les contemporains ont très bien compris la spécificité de cette activité « inhumaine » d'où la parution très précoce de travaux traitant de cet « extraordinaire islandais » bien avant les sagaces études universitaires actuelles. Nous nous efforcerons de résumer autant que faire se peut cette épopée en n'oubliant pas que notre vision est à des années-lumière de ce que cette société pensait être normale. Cette réalité était acceptée et acceptable puisque personne ne s'est insurgé contre ses conséquences humaines. Nous ne tomberons pas dans la tentation de lancer une condamnation quelconque. Notre époque en est déjà bien trop prolixe.

Dunkerque (Nord) - Vue panoramique sur le port. © coll. Alain Deflesselles

L'Islande : une île à part

Avant de nous intéresser à nos pêcheurs, il est nécessaire de présenter tant soit peu l'île sur laquelle ils mettront très rarement les pieds. L'Islande est grande comme le cinquième de la France, occupée par les glaces sur au moins le dixième de son étendue. C'est une terre jeune, née de la rencontre des plaques américaine et eurasiatique d'où un chapelet de 130 volcans le long de la faille, volcans actifs, voire très actifs dont les laves recouvrent le quart du pays.

Nos marins connaissaient très bien ces deux aspects très particuliers de l'île, la glace et le feu symbolisés par le mont Hekla qu'ils apercevaient poindre à l'horizon quand ils arrivaient de France. Les marécages et les tourbières constituent l'essentiel du paysage où les terres agricoles se font rares (seulement 2 % du territoire).

Le cercle polaire arctique traverse l'Islande au Nord ce qui sous-entendrait un climat aussi rude qu'au Groenland. Il n'en est rien du fait d'un cadeau de mère nature : une dérive des eaux chaudes du Gulf Stream provenant du golfe du Mexique fait que les températures sont, en moyenne, positives, en particulier dans tout le sud de l'île baigné par ce courant. La capitale Reykjavik jouit l'hiver de moyennes hivernales de 2° et estivale de 13 °. Mais ces calculs arithmétiques font fi des terribles tempêtes venant du Nord-Ouest qui s'abattent avec une violence inouïe sur ces terres désolées. Tous les marins redoutaient ces ouragans qui dépassaient l'imagination.

Aussi n'est-il pas étonnant que cette île soit restée déserte longtemps. Peut-être le Grec Pythéas la longea-t-il vers 330 avant Jésus-Christ et lui donna-t-il le nom de Thulé. Mais ce sont les Vikings norvégiens qui la font entrer dans l'histoire et par

Carte des années 1880 représentant le Danemark et l'Islande (Atlas Mager Bertaux éditeur). © coll. Gisserot

la grande porte, leurs sagas décrivent par le menu sa colonisation : 6 000 personnes s'y installèrent de 874 à 930. L'île se retrouva successivement norvégienne à partir de 1262 puis danoise à partir de 1380 jusqu'en 1944. La peste noire en 1350, les différentes phases de refroidissement climatique, enfin les énormes éruptions volcaniques entre 1755 et 1783 entraînent une vertigineuse chute démographique (10 000 morts lors de la famine de 1784). Quand les pêcheurs français fréquentent les eaux islandaises, la population est en simple voie de récupération dans une île pratiquement déserte avec une absence presque totale d'infrastructures portuaires et médicales.

Aussi être naufragé en Islande n'est pas synonyme de secours immédiat : la côte est totalement vide sur sa majeure partie et les fermes éloignées des baies recueillent les épaves. Le naufrage du *Pourquoi-Pas* du commandant Charcot l'illustre bien avec son seul survivant sur 41 hommes, alors que le drame se passe en 1936 quand l'île s'est déjà considérablement transformée, et où les mesures de sécurité se sont grandement renforcées. Les pêcheurs ne peuvent compter que sur leurs propres ressources en cas de danger.

D'un point de vue étatique, l'Islande étant devenue colonie, la métropole, à savoir Copenhague, se réserve le monopole commercial dès le début du XVIIe siècle. Il est donc interdit aux étrangers, d'y faire escale de peur de développer la fraude qui, de toute façon, a prospéré faute de douanes adéquates, fraude toute relative tout de même, compte tenu de l'extrême pauvreté des Islandais et de l'extrême rapidité des escales des Français. De toute façon, il faut se ravitailler en eau douce et procéder au transbordement de la première pêche. Aussi le Danemark autorise-t-il les mouillages à partir de 1862 – davantage reconnaissance de faits que mesure de libéralisme propre –. Si toutes les restrictions durent en théorie limiter les rapports entre autochtones et Français, elles seront toujours empreintes de cordialité, voire de complicité.

Faskrudsfjördur (Islande) - Le village au début du XXe siècle. À droite l'hôpital récemment édifié. © coll. Alain Deflesselles

Le Petit Journal, **Départ des pêcheurs d'Islande** - lundi 19 mars 1894. © coll. Gisserot

La flotte et les ports d'armement

Nous avons la certitude que Dunkerque envoie des navires en Islande en 1731 et sans doute dès 1700. Les armements se montent à une quinzaine d'unités vers 1753-1754 mais les hostilités avec les Anglais arrêtent tout. En 1763, la reprise se fait avec six navires, 67 cinq ans plus tard. La guerre d'Amérique n'empêche pas, et c'est la seule fois, les expéditions – 80 en 1782 – suivies d'une chute lente mais régulière jusqu'en 1792 avec 29 sorties.

Dunkerque et Paimpol

Il semblerait que l'Islande soit la chasse gardée des Dunkerquois, les autres ports français préfèrent Terre-Neuve. Seul Le Tréport arme 16 fois de 1766 à 1777, occupant à peine trois navires. La Révolution entraîne deux décennies d'arrêt total et cette histoire ne reprend qu'en 1815 sur un tout petit pied, mais la reprise fut fulgurante avec 45 navires en 1825, 94 trois ans après. Sous la monarchie de juillet, la flotte varie entre 71 et 101 unités atteintes en 1847. Si la crise de 1848 s'avère être très violente (chute des deux tiers des armements), le Second Empire caracole avec des chiffres jamais atteints : toujours la centaine et plus avec des pics à 136-138 vers 1859-1862.

C'est à partir de cette époque que Paimpol entre en scène avec une goélette nommée l'*Occasion* qui effectue sa première campagne du 1er avril au 23 septembre 1852. Après quatre années de mise au point, la greffe prend avec 30 navires en 1857, et 50 et plus à partir de 1865. Ce prodigieux succès fait que la flotte paimpolaise, en l'espace d'une seule décennie, à la moitié de l'effectif flamand qui a déjà plus d'un siècle de présence sur ces bancs. Les proportions ne vont guère varier ensuite,

Dunkerque (Nord) - Les islandais dans le port. © coll. Gisserot

car ces deux flottilles évoluent de manière parallèle : de 1870 à 1890, Dunkerque envoie chaque année 80 à 90 navires tandis que Paimpol évolue entre 40 et 45 unités. Ensuite la conjoncture change avec un progressif non-renouvellement des goélettes et des dundées surtout chez les Dunkerquois qui restent parfois à un niveau très élevé, 98 armements en 1897. Mais les Paimpolais leur dament le pion en 1894 (74 contre 71) et surtout, ils sont parfois presque à égalité : 80 contre 87 en 1895. Cela correspond à l'époque de Pierre Loti qui fait que les Français vont croire que l'Islande fait exclusivement partie intégrante du patrimoine breton. La dernière période (1900-1914) se résume à une inexorable chute, pleine de splendeur cependant : les Dunkerquois dégringolent de 75 à 21 navires, leurs confrères des Côtes-du-Nord de 47 à 19. Mais de 1904 à 1910, ces derniers en arment davantage. La Première Guerre mondiale ne fait que donner le coup de grâce. Entre-temps, d'autres ports ont tenté leur chance et souvent ont déjà en 1914 fermé la parenthèse islandaise.

Calais

Calais, à 40 km à l'ouest de Dunkerque, n'a jamais réussi à développer sa pêche en Islande : deux navires sans lendemain en 1763, puis trois tentatives entre 1816 et 1833 avec deux dogres et deux sloops. Il faut attendre 1860 pour revoir deux départs qui s'avèrent infructueux, un sursaut en 1873 et un dernier armement en 1879. C'était sans compter sur l'obstination de l'armateur Stauber qui dépêche de 1897 à 1899, trois navires le *Sirius*, le *Richelieu* et la *Rosalie*, les derniers font naufrage en 1898-1899.

Boulogne-sur-Mer

Boulogne-sur-Mer conçoit l'Islande comme une entreprise marginale durant tout le XIXe siècle, d'incessantes reprises sans lendemain : huit navires en 1817, aucun en 1822. De nouvelles tentatives en 1829-1830, quatre voiliers chaque année, neuf en moyenne en 1835-1839. En 1844, les Boulonnais se contentent de cinq goélettes comme dix ans plus tard. L'apogée se situe en 1867-1872 avec 14 bâtiments pour 1736 tonneaux, pour dégringoler à deux dès 1881 puis un seul de 45 tonneaux en 1894

Paimpol (Côtes-d'Armor) - Le départ des islandais. La sortie des bassins. © coll. Claude Roy

Fécamp (Seine-Maritime) - Le retour des islandais. © coll. Gisserot

sans lendemain. L'Islande réapparaît dix ans plus tard sur des bases totalement différentes : quatre chalutiers à vapeur en 1903, 30 en 1912. Nous changeons alors d'univers.

La pêche en dates et en chiffres

À l'apogée de la pêche, en **1860**, l'Islande est fréquentée par **129** navires dunkerquois, **19** gravelinois et **24** paimpolais soit **172** unités auxquelles il faut ajouter **1** calaisien, **6** boulonnais, **2** dieppois, **5** valéricains, **13** fécampois, **3** granvillois et **8** briochains. Bref, la France envoie **210** bâtiments. Ensuite intervient un déclin très lent mais très régulier.

En **1906**, nous comptons **167** voiliers montés par environ **3500** marins mais, nouveauté d'alors, **17** chalutiers à vapeur dont **11** de Boulogne et quatre de Fécamp montés par **430** pêcheurs. Une autre époque commence : celle de l'industrialisation. En **1913**, Boulogne-sur-Mer capture **42 %** de la pêche soit **5200** tonnes de morue contre à peine respectivement **2300** et **2000** tonnes à Paimpol et Dunkerque. La Première Guerre mondiale ne fait qu'accélérer la mort annoncée des voiliers au large de l'Islande.

Les autres ports

Saint-Valery-en-Caux ne fit que des envois irréguliers de navires et n'atteignit jamais un nombre considérable d'expéditions. *Fécamp* y envoie quelques unités de 1860 à 1914 mais préfère Terre-Neuve. *Dahouët* se lance dans l'aventure avec l'armateur Carfantan. À partir de 1864, la flottille compte 14 navires pour presque disparaître en 1900 : restent la *Capricieuse* et la *Coquette* en 1907 et le dernier armement se situe en 1925. *Saint-Brieuc* qui arme avec Le Légué atteint son apogée en 1895 avec 22 navires, puis le déclin arrive jusqu'aux deux dernières goélettes en 1940. Les ports d'*Erquy*, de *Portrieux*, de *Binic* participent de même suivant leurs moyens tout en suivant la conjoncture générale.

Le vapeur de pêche Hécla. © coll. Alain Deflesselles

Navires et chantiers

Comme les Dunkerquois fréquentent au moins à partir de 1737 les bancs islandais, la composition de leur flottille évolue considérablement dans le temps, à savoir deux siècles.

Plusieurs éléments entrent en ligne de compte : en premier lieu, financier, le montant de l'investissement, donc en prise directe avec les capitaux de l'armateur, les traditions de construction, en effet, chaque province, voire chaque port, s'est bâti ses propres navires, l'environnement naturel, les facilités d'accès au port et la profondeur du chenal déterminent le tirant d'eau maximum des bâtiments qui le fréquentent. De plus, jusqu'à la mise en place d'écluses, les ports sont à sec à marée basse, la nature des fonds, sableux, boueux, rocheux, influence notablement la forme des carènes. À quoi s'ajoute l'ingéniosité naturelle de l'homme, sa recherche instinctive de posséder des outils de plus en plus performants : les charpentiers de navires sont aussi de grands acteurs méconnus dans cette quête incessante du meilleur navire possible satisfaisant à tous ces paramètres décrits ci-dessus. L'expérience des pêcheurs aidant, peu à peu se dégagent les qualités propres aux navires fréquentant l'Islande, à savoir essentiellement la robustesse de la coque, la stabilité, un pont dégagé et un gréement nécessitant peu de main-d'œuvre.

Le binôme corvette-dogre

Tout cela explique que Dunkerque connaît, à chaque époque, la coexistence de petits et grands bâtiments, justement en fonction des moyens de financement de chacun. Jusqu'en 1830, le binôme corvette-dogre domine. La corvette de 40-50 tx est de construction spécifiquement dunkerquoise. Le dogre de 90-100 tx nous vient de Hollande et de

Paimpol (Côtes-d'Armor) - Une goélette islandaise à double-hunier dans le port. © coll. Claude Roy

Type de navire hollandais adopté par les constructeurs dunkerquois pour construire leurs dogres et leurs corvettes - Gravure de G. Groenewegen (1783-1802). © coll. Alain Deflesselles

Zélande. La proportion de ces deux bâtiments varie au fil du temps, les dogres prévalent jusqu'en 1770 pour tendre vers l'égalité avec les corvettes jusqu'à la guerre d'Indépendance américaine. Le rapport s'inverse de plus en plus nettement jusqu'à la Révolution : 32 corvettes pour 13 dogres en 1790, 25 et 4 respectivement en 1792. Il faut attendre 1815 pour voir renaître la pêche à Islande mais sur des bases financières plus étriquées : les négociants étant plus ou moins ruinés par deux décennies de guerre continue. La corvette est forcément privilégiée compte tenu de son moindre coût, mais très rapidement, l'enrichissement aidant, les armateurs leur préfèrent le traditionnel dogre qui depuis longtemps a fait ses preuves. Mais, chose exceptionnelle, par ces temps de dureté, nos armateurs font procéder à des « jumboïsation », 150 ans avant la lettre, c'est-à-dire que les constructeurs – tradition hollandaise oblige – coupant les corvettes par le milieu, les agrandissent pour en faire des dogres. C'est ce que fait l'armateur-constructeur Charles Joseph Vancauwenberghe en 1824 avec la *Sainte-Anne* qui devient du coup le *Bon Père*. L'année suivante le négociant Pierre Desticker fait « gréer en dogre et changer dans ses dimensions » sa corvette la *Rosalie*. Les gains de tonnage restent faibles au début (+ 20 %), mais atteignent des records en 1831 quand Ch. Vancauwenberghe agrandit et gréé en goélette sa corvette *Marie-Cécile* qui passe de 31 à 92 tonneaux (+ 287 %).

Paimpol (Côtes-d'Armor) - Chantier Émile Bonne à Kérity - juin 1902. Photo R. Dollfus. © coll. Claude Roy

La goélette

Le grand mot vient d'être lâché : goélette. Ce voilier est, utilisons un terme religieux, consubstantiel à l'histoire des « Islandais ». Toute une mythologie s'est même développée à son sujet. Il faut, au risque de passer pour un iconoclaste, reprendre son histoire qui ne commence pas en 1840, mais beaucoup, plus tôt. En effet, en 1731, une goélette le *Saumon Couronné*, part pêcher vers la presqu'île de Kola, au-delà du Cap Nord. En 1769, Guillaume Daillé envoie la goélette qu'il vient de faire construire, le *Navire* de 35 tx, aux Antilles où croisent aussi des goélettes ou « schooners » américains, les plus célèbres provenant de la région de Boston. L'influence américaine est loin d'être négligeable, mais difficile à apprécier dans le détail : le grand érudit Arthur Balsen (1857-1935) a eu l'intelligence de recueillir dès le début du XXe siècle la mémoire du port. Il déclare qu'en 1835 s'établirent à Dunkerque les chantiers de construction Gaspard et Célestin Malo, lesquels avaient pour ami et conseiller technique le capitaine Sharp, originaire de Nantucket. C'était un des derniers Américains dont une colonie de quakers de cette île s'était installée à Dunkerque à partir de 1786, faisant du port flamand, la capitale baleinière du royaume jusqu'en 1792. Il n'est pas étonnant dans ces conditions d'avoir un individu fusionnant les connaissances des mers nordiques et les traditions de construction navale américaine. Quoi qu'il en soit, ce sont eux qui mettent au point la goélette dunkerquoise immédiatement liée à l'Islande. Sous le Second Empire, les carnets de commande sont pleins et font la fortune des constructeurs : 21 unités lancées en 1855-1857, 43 autres en 1865-1870 par les Vancauwenberghe, Pyotte Lefebvre et autres Derycke.

Paimpol (Côtes-d'Armor) - Chantier Émile Bonne à Kérity - juin 1902. Photo R. Dollfus. © coll. Claude Roy

Faskrudsfjördur (Islande) - Une goélette paimpolaise sortant de la baie. © coll. Claude Roy

Boulogne-sur-mer (Pas-de-Calais) - Dundée partant pour l'Islande.

À Paimpol, le constructeur Louis Laboureur suit très rapidement le mouvement dominant la scène de 1860 à 1892, suivi par bien d'autres charpentiers comme Perrot, Pilvin, Goasdoré ou Kerbiquet. La goélette fait l'objet de tous leurs soins à tel point qu'elle devient uniquement paimpolaise. C'est aussi le résultat d'une conjoncture locale différente : alors que les chantiers dunkerquois s'assoupissent à partir de 1880, Paimpol croule sous les commandes. En 1901, 15 goélettes sont mises à l'eau et 10 sont sur cale. En 1913, les chantiers livrent encore 16 goélettes.

Le dundée

Entre-temps, un nouveau type de voilier apparaît : le dundée. Sa raison d'être essentielle est son moindre prix et un gréement plus simple (350 m² de voile au lieu de 500 sur la goélette). Apparu en Écosse comme son nom l'indique, les Dunkerquois l'adoptent dès 1877 et les Gravelinois en construisent 44 de 1891 à 1901 contre à peine 5 goélettes. À Paimpol, ils apparurent en 1889, provenant de Fécamp. Laboureur et Pilvin font de même à plus petite échelle : 4 dundées en 1901, un seul en 1902, deux en 1903 et 1904. La flottille en comptera au maximum 10.

Subsistent à l'heure actuelle, pour le plus grand plaisir des yeux, de magnifiques maquettes construites et léguées par ces constructeurs aux musées du littoral. Merveilles de précision et d'élégance, elles ont encore le pouvoir de faire rêver le visiteur en sachant que technologiquement, ces navires ne bénéficièrent que de peu de progrès, hormis la mise au point du hunier à rouleau en 1875, dispensant les matelots de monter dans le gréement pour carguer cette voile.

Dunkerque (Nord) - Légèrement plus petit que la goélette (25 m pour 30 m), le dundée est plus simplement gréé et voilé sans pour autant perdre de ses qualités marines. © coll. Alain Deflesselles

L'ITINÉRAIRE ET LES DATES DE CAMPAGNE

Les ports pratiquant l'Islande s'étalent de Dunkerque à Paimpol, la géographie leur impose deux routes. La première pour les pêcheurs flamands passe par la remontée presque verticale de la mer du Nord. La seconde, pour les Normands et les Bretons, plus occidentale emprunte la mer d'Irlande et l'Atlantique.

Mais tous doivent prévoir un départ sans problème, à savoir éviter les bancs de sable et les plateaux rocheux, pour ce faire, les marées de vives eaux sont privilégiées. Les Dunkerquois passent au-dessus des bancs de Flandre en ligne directe, plein Nord, tandis que les Paimpolais peuvent parfois attendre un vent favorable en baie, avant de voir disparaître la chapelle de la Trinité. Les Bretons mettent alors le cap vers la côte méridionale de l'Irlande et s'engagent dans le canal Saint-Georges. Ils laissent rapidement l'île de Man sur tribord et ressortent par le canal du Nord pour entrer pleinement dans l'Atlantique cap sur la côte orientale islandaise. Généralement la traversée dure 8 à 12 jours avec dit-on des records de 5 à 6 jours. Plus prisé encore était le voyage laissant l'Irlande à l'Est.

Pour les Dunkerquois, les choses sont un peu plus compliquées, d'une part la traversée comprend 1100 milles dont les deux tiers le long d'une côte sableuse et sournoise, ou rocheuse et brutale, d'autre part elle coupe les lignes de navigation les plus fréquentées du monde entre l'embouchure de la Tamise et les ports charbonniers autour de Newcastle et Sunderland. Les abordages sont toujours possibles et souvent dramatiques. Les choses plus sérieuses encore commencent à l'extrême Nord de l'Écosse, aux abords des îles Orcades et Shetland. Trois itinéraires s'offrent alors aux équipages : « le trou »,

Faskrudsfjördur (Islande) - La goélette dunkerquoise Schotterhoff en 1909. © Collection Société des Œuvres de Mer

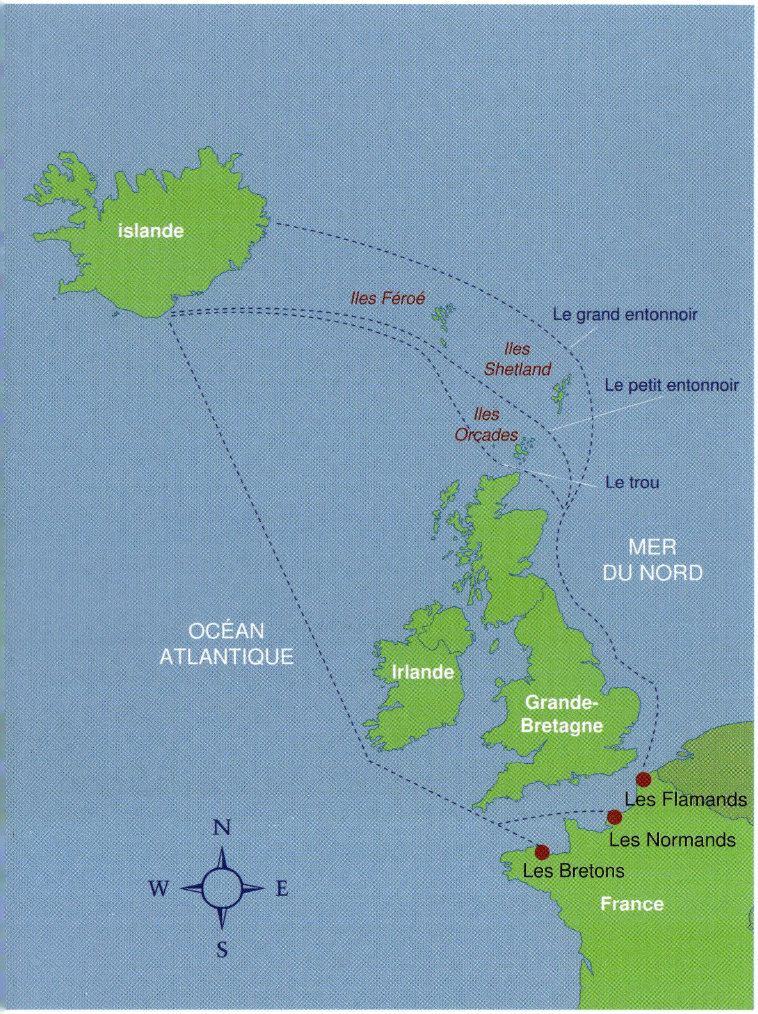

Les routes vers l'Islande empruntées par les pêcheurs bretons, normands et flamands. © cartographie éd. Gisserot

« le petit entonnoir » et le « grand entonnoir », des noms donnés par les marins qui évoquent bien le caractère aventureux de ces passages. Le « trou », le chemin le plus court, emprunte le Pentland Firth, un couloir de 20 milles entre l'Écosse et les Orcades qu'il faut prendre par vent et courant portants pour éviter le piège mortel de cette trouée (courants de 8 à 12 nœuds et mer forte de vent contre courant). Le danger n'est pas pour autant écarté. La mauvaise visibilité hivernale peut aussi jouer des tours aux capitaines. Les îles Féroé balisent leur chemin. Ainsi le 10 avril 1844, la goélette *Hécla* de l'armateur Pol s'empale sur l'une d'entre elles. Heureusement, la navigation se faisant plus ou moins groupée, la goélette *Borom-n- Dar*, capitaine A. Bacle, présente dans les parages, sauve l'équipage. La route du « petit entonnoir » entre les Orcades et les Shetland, jalonnée par les îles Fair et Foula est relativement moins dangereuse. Quant au passage du « grand entonnoir » qui laisse la chaîne des ports-refuges des Orcades des Shetland et des Féroé dans l'ouest, il ne semble pas avoir les faveurs de nos capitaines. Rien d'étonnant alors, à ce que les durées de traversée des Flamands soient plus longues que celles des Paimpolais et s'étalent sur 10 à 21 jours.

Quoi qu'il en soit, cette navigation, même sur des distances aussi importantes, s'apparente plus au cabotage qu'à la navigation hauturière. La terre est presque toujours à portée de jumelles durant la croisière hormis dans la partie qui sépare les Féroé de l'Islande.

Ainsi les statistiques royales n'incluent-elles pas cette activité au chapitre de la grande pêche et les capitaines peuvent longtemps fréquenter ces lieux après avoir passé un simple examen au cabotage.

Les dates de départ

Au XVIIIe siècle, la date de départ, chez les Dunkerquois, se situe entre fin mars et mi-mai, avec pour la moitié d'entre eux le choix du 8-14 avril, mais totale liberté est laissée aux armateurs. Au XIXe siècle, la montée en puissance de cette pêche entraîne des départs de plus en plus précoces. De véritables hécatombes maritimes poussent alors le gouvernement, à compter de 1840, à interdire tout mouvement avant le 1er avril. Malheureusement, les négociants paimpolais et une partie des Dunkerquois considèrent cette mesure comme inacceptable et l'État leur laisse le champ libre à partir de 1863 ouvrant la porte à tous les excès et à toutes les catastrophes. Comme d'habitude dans ce contexte, tous les arguments sont utilisés et retournés par les deux camps. Les départs se font entre le 10 et 20 mars à Dunkerque jusqu'en 1880, puis s'avancent début mars tandis qu'à Paimpol, dès 1867, des revues de départ s'opèrent début février. Ainsi les navires arrivent-ils au large de l'Islande en plein hiver boréal et s'exposent aux colossales pertes de 1836, 1839, 1888 et 1892, pour ne citer que ces années.

LA PÊCHE

L'habillement est une question primordiale pour le matelot : être vêtu chaudement et de façon à se mouiller au minimum.

L'habillement

Les pêcheurs sont donc emmitouflés tout en abattant un travail surhumain : d'épais vêtements de laine, de larges pantalons de grosse toile, un caleçon, deux paires de chaussettes, une vareuse, un ciré plus un long tablier huilé pour se protéger du poisson, les couvre-chefs sont d'aspect hétéroclite : bonnets à oreillettes, casquettes, bérets.

N'oublions pas les fameux sabots-bottes de trois à cinq kilos dont la semelle en bois doit isoler du froid. Inutile d'insister sur les conséquences d'un tel accoutrement quand l'homme tombe à la mer. Les mitaines et les moufles sont indispensables : fabriquées le plus souvent par les Islandais, elles sont renforcées à la pomme d'une bande de feutre pour éviter l'usure trop rapide due au frottement de la lignc *(illus. page de titre)*.

L'emplacement de la ligne

La ligne était composée de plusieurs éléments : un filin de 80 à 150 m en deux ou trois morceaux. Elle est raidie par un plomb de trois à quatre kilos, lui-même traversé par une balancine ou arbalète en fer qui porte à chaque extrémité deux petites lignes secondaires longues de 3 m dites avançons terminés par un

En haut : **Paimpol (Côtes-d'Armor) -** Pêcheurs islandais à bord d'une goélette. © coll. Claude Roy

À droite : **Paimpol (Côtes-d'Armor) -** Sabots-bottes, Musée de la Mer. © C. Renault

Paimpol (Côtes-d'Armor) - Les hommes le long du bord tenant leur ligne. © coll. Claude Roy

hameçon de 12 à 18 cm, appâté au début de la campagne de couenne de lard puis par la suite d'entailles de morue.

Paimpol (Côtes-d'Armor) - Une ligne de pêche, Musée de la Mer. © C. Renault

Tout l'équipage s'alignait alors le long du bord au vent, sinon les lignes seraient passées sous le navire en dérive. Chaque homme se mettait face à un trou de « mecque » qui lui était assigné. Cet orifice de 3 cm au carré pratiqué dans la lisse recevait la « mecque », support en bois de poirier, en forme de fourche où coulissait la ligne sans abîmer la lisse.

De droit, les officiers occupaient les « mecques » de l'arrière – les plus « pêchantes » – tandis que les matelots, chaque semaine, avançaient d'une place vers l'avant de telle sorte que chacun avait occupé successivement toutes les autres places à la fin de la campagne. La ligne mise à l'eau était sans cesse animée d'un léger mouvement de haut en bas pour éveiller l'attention du poisson, d'où une curieuse oscillation permanente du corps, en dépit des mouvements de la mer.

Le traitement du poisson

Quand le poisson a mordu, le pêcheur amène sa ligne à bord, décroche la morue, appâte de nouveau la ligne et la rejette à la mer autant de fois qu'il faut, c'est-à-dire tant que le poisson mord, d'où des journées de travail sans fin et la mobilisation générale des trois bordées de l'équipage. La morue est jetée dans le parc construit sur le pont. Auparavant, le pêcheur lui a coupé la langue déposée dans un petit panier près de lui. Le soir venu, les langues lui seront comptées par le capitaine et portées au livre de pêche pour permettre d'établir son salaire au retour de campagne.

Le picqueur saisit le poisson par les ouïes, lui plante la tête sur une « pique », la saigne et l'éventre totalement, lui enlève les breuilles, lui retire le foie et la rogue enfin décolle les joues. *Le guillotineur* décapite ensuite la morue et met la tête de côté, elle servira à faire la soupe de l'équipage. *Le trancheur* reçoit le corps du poisson et en trois coups de tranchet le transforme en poisson plat, dépossédé de son arête centrale. *Le gratteur* achève le nettoyage puis le laveur complète l'opération à la brosse de chiendent.

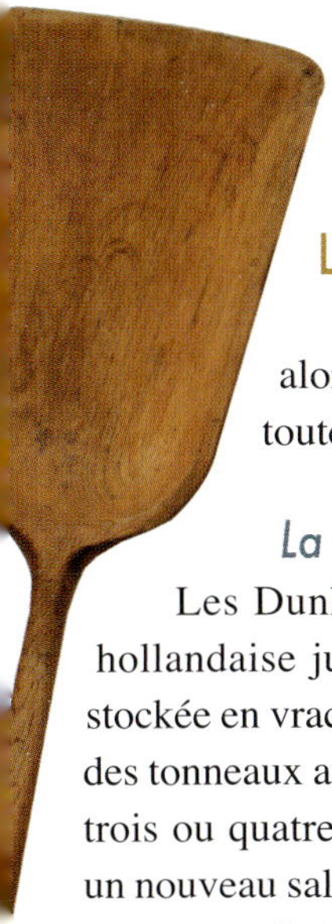

Paimpol (Côtes-d'Armor) - Pelle à sel (reproduction), Musée de la Mer. © C. Renault

Le salage

L'opération essentielle intervient alors : *le salage*. S'il n'est pas réussi, toute la campagne peut être perdue.

La méthode hollandaise

Les Dunkerquois pratiqueront la méthode hollandaise jusqu'en 1919. La morue n'est pas stockée en vrac dans la cale, mais en saumure dans des tonneaux avec du beau sel blanc du Portugal et trois ou quatre jours après, un nouveau lavage et un nouveau salage interviennent avant une mise en tonneau définitive et le stockage en cale. Tout ce travail se fait sur un pont encombré de tonnes, désordre qui peut parfois compromettre la stabilité du navire.

Le salage en vert

Les Paimpolais, à l'instigation du capitaine dunkerquois Druel, imitent en 1852 les procédés flamands. Mgr Kerlévéo parle même de méthode gravelinoise, mais très rapidement et définitivement dès 1872, les Bretons optent pour la morue salée en vert comme ils le font à Terre-Neuve, ce qui supprime tonnelier et barils et économise du sel. La morue est directement descendue en vrac en cale et salée en grenier à raison de 1 kg de sel pour 1 kg de poisson. Se pose alors à toutes les goélettes et autres bâtiments, le problème de leur lestage : en effet la cargaison de sel en vrac qui diminue en fonction des prises, constitue un danger potentiel en risquant de riper au gré de la mer, d'où des chavirements soudains qui ne laissent aucune chance à l'équipage.

Le transport de la première pêche

Ces deux types de préparation ont des conséquences dans l'organisation des campagnes, à savoir l'utilisation des chasseurs, c'est-à-dire de bâtiments rapides qui ramènent à mi-saison le produit de la première campagne en France. Dès 1853, Paimpol en utilise un. En 1909, nous comptons 34 goélettes pour 14 chasseurs. Ces derniers appareillent fin avril avec un plein chargement de sel de vivres et de rechanges à délivrer dans une baie convenue à la flottille en pêche. Le transbordement du poisson est lent : en général 25 000 morues passées une à une à la main. Mais sur le marché, elles arrivent en prime et se vendent fort bien, d'où l'intérêt d'être les premiers en France, à Bordeaux en particulier et des voyages de retour en 9 jours et un record en 5 jours. Les Dunkerquois qui conservent leur pêche en tonnes font un usage restreint des chasseurs : entre 1 et 4 de 1769 à 1792 pour une flottille de 30 à 80 unités. Au XIXe siècle, ils seront jusqu'à sept vers 1860 pour disparaître vers 1890. L'intérêt économique de ces voyages n'est pas avéré pour les Flamands qui vendent un produit de luxe alors que la morue verte est destinée, après séchage, à la consommation populaire des Antilles et de la Méditerranée.

Goélettes livrant leur pêche aux chasseurs - 1911. © coll. Claude Roy

Paimpol (Côtes-d'Armor) - Embarquement de sel à bord d'une goélette.© coll. Claude Roy

L'ALIMENTATION À BORD

La nourriture à bord est une question essentielle : songeons à toutes les célèbres mutineries déclenchées à ce sujet sur les vaisseaux de guerre. Aussi le gouvernement royal édicte-t-il en 1776 un règlement bien précis sur les rations alimentaires dont doivent bénéficier les pêcheurs dunkerquois.

Avec la Révolution et son corollaire, le libéralisme économique, l'État n'a plus à intervenir sur cette question. Les stationnaires, durant tout le XIXe siècle, vont donc constater, sans pouvoir intervenir, la calamiteuse alimentation de ces pêcheurs. À la base, il y a les pommes de terre mal lavées, des haricots se révélant extra-durs, du porc salé. Au premier soir, l'équipage bénéficie du seul bifteck de la campagne. Arrivé sur les bancs, les têtes de morue sont rajoutées à toutes les soupes. Encore faut-il que l'horaire soit respecté, et le plus souvent il n'en est rien ! Quand le poisson mord, l'équipage travaille jusqu'à l'épuisement et le sommeil réparateur l'emporte parfois sur un repas. Qui plus est, l'avitaillement est parfois très mal calculé, à dessein ou non, les stationnaires ne le disent pas, mais constatent des situations parfois invraisemblables jusqu'à la suppression des repas chauds sur près d'un mois, faute de combustible, charbon ou bois. Mais ce sont des extrêmes et fort heureusement sans suite pour les armateurs concernés.

Bretons et Flamands consomment généralement également du biscuit de mer qui remplace le pain frais disparu après quatre ou cinq jours de navigation. Ce biscuit dur et sec était rond et épais chez les premiers, grand et carré chez les seconds. Quant à la boisson, les Dunkerquois et les Gravelinois emportaient leur bière locale tandis que les Paimpolais

L'assiette au Beurre - Pêcheurs et Armateurs - N°97, 7 février 1903. **« Il n'y a qu'une seule chose sur laquelle je ne sois pas regardant, c'est l'eau-de-vie... C'est le meilleur moyen d'avoir une bonne pêche... ».** © coll. Gisserot

consommaient à l'origine du cidre, de plus en plus remplacé par du vin rouge provenant avant tout d'Algérie.

Reste la question de l'alcool. Le règlement de 1776 en prévoit l'usage. Comme le déclare justement le commandant Lacroix, il a généralement été considéré comme le remède le plus puissant pour combattre le froid, la fatigue, voire la maladie, sous ces latitudes. Lacroix indique que le pêcheur en absorbait couramment son quart de litre quotidien.

De plus, il y a également les provisions personnelles de l'équipage. La conséquence finale s'avère être une sorte de culture de l'alcoolisme, si nous voulons utiliser le vocabulaire actuel, très répandu à l'époque en France et en Europe, mais qui, déjà, horrifiait les observateurs contemporains en Bretagne. Le regretté François Chappé a fourni un éclairage sans appel sur les excès en tout genre dont étaient les victimes les pêcheurs à Islande, car refuser ce boujaron leur était impossible et tout était prétexte pour boire. De plus, cet alcool était très souvent frelaté, industriel mais d'origine incertaine, pouvant renfermer de l'acide sulfurique, acétique ou amylique.

Chambre et réfectoire des matelots.

La tête de morue est rajoutée à toutes les soupes.

© Alain Deflesselles

L'assiette au Beurre - Pêcheurs et Armateurs - N°97, 7 février 1903. **« En faut une sacrée goutte pour passer le goût du lard pourri ! ».** © coll. Gisserot

Les conséquences sont multiples, meurtrières au cours de la campagne même, avec des marins inconscients du danger, invalidantes avec le vieillissement extrêmement rapide des hommes, sociales avec les scènes d'ivrognerie lors des escales à terre, avec enfin l'affaiblissement du respect dû au capitaine.

En définitive, nos marins sont les victimes de tout un système aux multiples responsabilités, du plus bas au plus haut tant de l'échelle sociale que de celle de la politique. Il aurait fallu une révolution des mœurs et de l'État que seuls les États-Unis ont eu le courage d'affronter et de réaliser. L'éradication de l'alcool fut totale et les résultats de leurs pêches supérieurs aux nôtres.

LES SALAIRES

Les conditions de travail sont si spéciales, si spécifiques que la question de la rémunération échappe au dialogue classique patron-ouvrier.

À Dunkerque, dès 1764, le pouvoir royal promulgue un règlement pour fixer les gages, confirmé en 1817 et resté inchangé jusqu'en 1907. Les marins touchent une somme fixe avant le départ en fonction de la hiérarchie, ce sont les « avances sans répétition », et au retour, un solde proportionnel à la pêche globale du navire, exprimée en lasts, l'unité de contenance par excellence de l'Europe du nord, équivalant à deux tonneaux. À l'origine, le last en pêche correspondait à 10 000 harengs répartis dans 12 tonnes. Ce rapport de nombre de poissons, des morues en l'occurrence, à la tonne générera une discorde sans fin entre armateurs et pêcheurs. Aussi le last est-il soumis à des calculs complexes, incluant jusqu'à l'âge du navire. Il faut également peser les morues après le conditionnement final, d'où un délai de 20 à 50 jours avant que l'équipage ne reçoive sa paye. Le système est basé sur son travail collectif. Par cette solidarité organique, chaque matelot reçoit le même salaire et les meilleurs pêcheurs sont pénalisés. Pour l'armateur, la valeur du last, déterminée avant la campagne, n'est pas liée à la fluctuation du cours de la morue qui peut chuter si les captures sont surabondantes.

Paimpol, dès 1881, choisit un prix fixe par morue pêchée, puis au tiers net à partir de 1884. le produit de la campagne est alors divisé en trois tiers, un pour le navire, un pour l'armateur et un pour l'équipage. Mais la production individuelle, c'est-à-dire le nombre de morues, devient la base du salaire, qui

L'assiette au Beurre - Pêcheurs et Armateurs - N°97, 7 février 1903. **« Vous croyez tous que je gagne de l'argent avec vous !... Voilà deux ans que je n'ai pas eu de naufrage ».** © coll. Gisserot

À gauche : **Binic (Côtes-d'Armor) -** Navires islandais. À droite : L'assiette au Beurre - Pêcheurs et Armateurs - N°97, 7 février 1903.
« Allons, la mère, faut pas vous plaindre !... Vous êtes rudement heureuse d'habiter un aussi beau pays !... © coll. Gisserot

plus est, aux prix du marché, les aléas de la campagne sont alors supportés par tous. Malheureusement des abus se font jour, à savoir l'inflation des frais généraux qui diminue le produit net. Un accord arrive en 1905, mais les avances sont bloquées à 200 francs, ce qui entraîne les pêcheurs à fuir Paimpol au profit de Binic où les avances sont restées libres.

Cela nous permet de souligner un trait permanent de ce monde « islandais » : l'absence totale de solidarité professionnelle aussi bien chez les négociants que chez les simples matelots. Les mouvements sociaux et les ententes patronales n'apparaissent que vers 1900, quand le secteur est déjà en pleine crise. Les avances à répétition sont nécessaires pour faire vivre la famille durant toute l'année. Le pêcheur vit donc constamment à crédit. Si la campagne s'avère être mauvaise, il se peut qu'il soit en définitive débiteur vis-à-vis de son armateur : le cas, au demeurant rare, existe cependant. L'essentiel n'est pas là : les bons capitaines-pêcheurs sont rares qui eux-mêmes recrutent leurs propres marins. Quel que soit le mode de rémunération, les différences peuvent devenir abyssales, aboutissant à ce qu'un simple pêcheur sur un bon navire gagne davantage qu'un capitaine en second sur un mauvais navire lors d'une même campagne. Les différences peuvent être de un à trois à grade égal. Cependant, sur chaque un navire, l'éventail des salaires est réduit ; le capitaine gagne trois fois plus que le matelot du bord et les Dunkerquois touchent plus que les Bretons. En dehors de ces considérations générales, fournir des chiffres exacts est une gageure dans la mesure où les armateurs, pour conserver leurs « bons » capitaines et matelots, en dehors des avances déclarées, leur fournissent des gratifications occultes qui atteignent parfois le tiers des salaires officiels.

Le pêcheur islandais ne gagne ni plus, ni moins que les masses ouvrières d'alors. Mais, déjà, aux yeux des contemporains, ils sont les exploités par excellence à cause de leurs épouvantables conditions de travail et par le côté extraordinairement aléatoire de leurs revenus. N'en déplaise aux partisans du misérabilisme à tous crins, il y eut des équipages à l'aise, profitant de l'élévation générale du niveau de vie. Travail de bagnard, oui, damnés de la mer, non.

Dunkerque (Nord) - Le départ des pêcheurs islandais. © coll. Gisserot

Les naufrages

Ils sont nombreux du début jusqu'à la fin de l'aventure islandaise. Plusieurs éléments entrent en ligne de compte, en premier lieu, la zone et les méthodes de pêche, puisque les eaux territoriales sont interdites aux pêcheurs étrangers. Les navires sont au-delà des trois mille mais presque toujours en vue de terre, ensuite, pour capturer la morue en banc, les capitaines font mettre en panne en amenant un maximum de voilure, commençant par là même leur dérive quotidienne pour quatre à six mois, dans une zone où les variations météorologiques sont considérables et constantes.

Les chapelets de dépressions islandaises provoquent au mieux des coups de vent, au pire de monstrueux ouragans. En 1877, les goélettes arrivées dans la première quinzaine de mars essuyant tempête sur tempête, ne purent mettre en pêche qu'un mois après, illustrant *a posteriori* l'inanité des départs précoces en février. La topographie de l'île joue également : ces vents de Nord-Ouest dégringolent de montagnes de près de 2 000 m le plus souvent recouvertes d'immenses glaciers qui décuplent la puissance de l'air entraîné vers le large où se trouvent les flottilles de pêche. Malheur aux capitaines qui n'ont pas vu venir cette trombe meurtrière ou qui n'ont pas su prendre le large ou mettre en fuite. Reste la dernière solution : se réfugier en baie, mais le littoral islandais est d'une inhospitalité proverbiale : l'atterrissage de l'île est toujours délicat, falaises et récifs à l'ouest, immense vasière sableuse au sud, appelée « bock à vase » par nos marins. Les mouillages sont rarissimes et le piège des îles Westmann connues pour être le tombeau des navires français, s'avère être redoutable. Le capitaine Louis Lacroix parle de 22 pertes corps et biens pour les Paimpolais de 1912 à 1935.

Ploubazlanec (Côtes-d'Armor) - Le Mur des Disparus en Mer. © coll. Claude Roy

Paimpol (Côtes-d'Armor) - Bouée de sauvetage de la goélette « L'Abbé Pierre » - Musée de la Mer. © C. Renault

La présence des glaces est un autre danger : leur voisinage est presque permanent. Elles apparaissent en janvier et sont les plus nombreuses en avril-mai lors de la première campagne de pêche. Ensuite, la majorité des navires remonte vers le nord de l'Islande où les growlers – blocs de glace flottant entre deux eaux encore plus nombreux à cette latitude – peuvent défoncer les coques. La prise par les glaces est hélas aussi possible par la facilité qu'ont les vents de changer de direction : la *Dunkerquoise* est broyée de cette façon et onze de ses hommes se perdent tout en essayant de sauter de plaque en plaque en 1876.

N'oublions pas la température en théorie positive, mais invariablement froide, très froide même avec la fréquence des brumes épaisses, avec la longue nuit polaire et les maigres lueurs du jour au printemps. La mer d'Islande fut une terrible mangeuse d'hommes et les marins savaient qu'en cas de catastrophe rien ne pourrait les sauver. Les terre-neuvas avaient davantage de chances d'être recueillis en raison du nombre de navires sur les bancs et un homme en dérive sur un doris risquait moins que le pêcheur enlevé par un paquet de mer du pont d'une goélette fuyant devant la tempête au large de l'Islande.

Il est parfaitement possible de calculer les pertes dunkerquoises entre 1763 et 1792 : un superbe registre contient toutes les informations des quelque 1 500 armements à Islande. À peine une dizaine de cas est citée dont quatre corvettes en 1774 :

Faskrudsfjördur (Islande) - L'enclos du cimetière français de Faskrudsfjördur restauré protège 49 tombes de marins décédés en Islande. © Alain Deflesselles

Pléneuf-Val-André (Côtes-d'Armor) - Le port de Dahouët. © coll. Gisserot

l'*Espérance*, le *Jeune Jean*, le *Félix*, et la *Normande*, les deux dernières perdues corps et biens. C'est souvent le cas comme le *Saint-Pierre* qui « n'a donné aucun signe de son existence » en 1787 ou les *Quatre Frères* présumé péri en 1790.

Il n'en va plus de même au XIXe siècle ou s'abattent régulièrement de véritables hécatombes sur cette population déjà éprouvée par la misère : six navires en 1826 (56 morts), puis les départs libres accentuent la tendance : sept pertes en 1834-1835, huit avec 132 hommes l'année suivante, et cinq en 1838. Les tempêtes de 1839 font disparaître 18 navires dont 13 corps et biens, soit 185 pêcheurs, d'où la fixation de la date de départ au 1er avril. Cela n'empêche pas la perte de trois bâtiments avec 50 marins en 1854, d'où le retour de la liberté de départ et la disparition de six islandais l'année d'après, cinq en 1873, autant en 1876 et 1882. L'épouvantable tempête de 1888 marqua les esprits : sont perdus entre le 20 et le 28 avril 163 hommes de 7 goélettes, laissant 90 veuves et 341 orphelins. La dernière catastrophe date de 1901 avec le naufrage de huit navires et la disparition de 61 pêcheurs.

Paimpol participe largement à ce macabre bilan, environ 2 000 morts dans cette entreprise qui durera 83 ans selon Mgr Kerlévéo. Des recherches menées à nouveaux frais permettent d'être plus précis : pour

Ploubazlanec (Côtes-d'Armor) - Chapelle de Perros-Hamon. © C. Renault

Ploubazlanec (Côtes-d'Armor) - Chapelle de Perros-Hamon. Porche sud. « Mémoires » des disparus en mer symbolisés par des plaques de marbres, de bois ou des croix, sur lesquelles sont inscrits le nom et les dates du défunt ainsi que le nom du bateau naufragé. © C. Renault

Ploubazlanec (Côtes-d'Armor) - Le Mur des Disparus en Mer. Certaines « mémoires » ont été restaurés. © C. Renault

Paimpol (Côtes-d'Armor) - « Mémoire » du Mur des Disparus en Mer de Ploubazlanec, XIXe s., Musée de la Mer. © C. Renault

l'ensemble des ports de Binic, Dahouët, Erquy, Lannion, Paimpol, Portrieux, Tréguier, nous comptons 171 pertes de navires pour un ensemble de 3 960 armements et 1 315 décès, soit une moyenne annuelle de presque trois navires et de 21 hommes. La ponction est d'autant plus lourde qu'il faut ajouter les pertes individuelles, l'homme tombé à la mer pour une raison quelconque, ce qui amène le total à 1 635 décès.

Il faut envisager la barre des 1 800 marins disparus comme probable. Plus d'un tiers des navires (65) se perdent corps et biens avec leurs 1 162 hommes. Les échouages arrivent ensuite (56 cas) puis les voies d'eau (21 cas), enfin les abordages (18 cas). Ces derniers sont causés par les glaces, huit fois dont trois en 1866 et par des congénères de plus en plus dangereux quand ce sont des vapeurs à coque d'acier.

Un effet cumulatif

Comme l'indique très judicieusement **le commissaire Leisten** en 1893, l'Islande comme toute catastrophe, procède par effet cumulatif, à savoir : le mauvais état du navire, l'insouciance des capitaines, l'incapacité des officiers, l'indiscipline des équipages et l'innavigabilité de la mer.

L'ASSISTANCE HUMANITAIRE

Elle existe dès 1767 avec l'envoi d'un stationnaire qui est là beaucoup plus pour faire respecter la discipline parmi les équipages que pour les secourir. L'ampleur de la pêche au XIXe siècle oblige l'État à recréer la station en 1833 et à y armer jusqu'à trois navires.

Jusqu'en 1854, ce sont des cotres puis des corvettes souvent adaptées pour affronter la mer d'Islande. De taille comparable à celle des goélettes, les contacts sont aisés et une grande proximité entre les marins s'établit. Ensuite, avec l'arrivée de grosses frégates de guerre, mues à la vapeur, intervient une certaine distanciation aussi bien physique que morale.

Les manquements à la discipline, combinés à l'abus d'alcool sont les leitmotivs des rapports des stationnaires qui restent souvent impuissants à réprimer ce genre de délits. En revanche, les visites de navires, malgré les énormes distances à parcourir, sont pleinement réalisées : 86 % de prises de contact en 1862, 90 % en 1884 et encore 63 % en 1911. Encore plus utiles, les travaux de réparation en baie : les stationnaires sont d'emblée de véritables navires-ateliers, depuis la réparation du gouvernail jusqu'à l'étamage des bouilloires. Plus fondamentales sont les campagnes d'hydrographie, rendre les routes les plus précises possibles, fournir des nouvelles plus ou moins fraîches et participer aux opérations de sauvetage quand il y a lieu. Nous arrivons ainsi à l'aide humanitaire. Jusqu'en 1897, seule l'infirmerie du stationnaire assure un secours médical véritable, le coffre à médicaments réglementaire du navire n'étant qu'un pis-aller. Malheureusement, le malade n'est jamais là où se trouve le bâtiment de l'État, sept à huit marins sont secourus dans le meilleur des cas quand ce sont près de 16 000 hommes qui pêchent sur les bancs !

Faskrudsfjördur (Islande) - L'hôpital français en 2009. © Alain Deflesselles

Faskrudsfjördur (Islande) - Maison de famille des Œuvres de Mer. © coll. Claude Roy

Le Saint-François-d'Assise sous voiles. © coll. Claude Roy

L'église catholique a compris que l'Islande était devenue un immense champ d'apostolat à la fin du XIXe siècle et à l'exemple des pays protestants, elle crée une Société des Œuvres de mer dirigée par les Assomptionnistes. Le navire-hôpital *Saint-Paul* lancé en 1897, se perd dès 1899, mais le *Saint-François d'Assise*, puis la *Notre-Dame de la Mer* se succèdent sans désemparer de 1902 à 1914. En 1910, 51 hommes sont hospitalisés, 75 rapatriés, 992 navires sont contactés et surtout des milliers de lettres sont distribuées, véritable révolution instituée chez les pêcheurs à partir de 1904. Près de 40 000 lettres arrivent entre leurs mains jusqu'en 1914.

Mais tous ces secours demeurent insuffisants sans l'existence d'un établissement permanent à terre. À l'instar des « Missions for seamen » fondées en Angleterre au début des années 1880, une « Maison de famille » ouvre ses portes à Faskrudsfjord en 1902 dirigée par les abbés Hamon et Quelen qui s'occupent respectivement des Flamands et des Bretons. Leur but était avant tout de les éloigner de l'alcoolisme et de célébrer le culte. La même année, l'État français construit un hôpital de 20 lits à Reykjavik, suivi d'un second à Faskrudsfjord de 17 lits en 1904 et d'un troisième aux îles Westmann de 9 lits en 1906. Les deux premiers, ouverts toute l'année, reçoivent également les patients islandais dans des établissements parfaitement équipés et dotés d'un personnel compétent. Ironie de l'histoire, cela intervient quand la pêche est entrée en pleine décadence.

L'embarquement d'un malade à bord du Saint-François-d'Assise.

© Collection Société des Œuvres de Mer

La mythologie islandaise

Il est extraordinaire de constater même à l'heure actuelle, et cet ouvrage en témoigne, que la pêche à Islande demeure un grand chapitre de l'histoire maritime française et que le phénomène ne fait que prendre de l'ampleur avec ce qu'il faut bien désigner par l'actuel devoir de mémoire.

Cette pêche qui entraîne les marins à quitter leur famille et à côtoyer la mort entre six et huit mois à chaque campagne induit nécessairement le départ comme un temps fort de leur existence. Aussi n'est-il pas étonnant que des cérémonies particulières marquent ce passage. À Dunkerque, c'est donc le « Foyehuys » qui débute par une messe à la Petite Chapelle, consacrée à Notre-Dame des Dunes. Centre par excellence de la dévotion des gens de mer, elle reçoit dès le XVIIIe siècle des dizaines d'ex-voto peints sur toile ou curieusement sur verre, qui relatent par le menu les circonstances de la catastrophe à laquelle les marins ont survécu. Des maquettes de navires suspendues à la voûte achèvent un décor bien spécifique. Une grand-messe est célébrée avec les capitaines et les armateurs en tête. Ces derniers ensuite organisent une belle fête, à savoir un repas aussi copieux que bien arrosé dans un café chic, festin auquel tous participent hommes et femmes confondus.

À Gravelines, la cérémonie a lieu la semaine qui précède le départ avec une étape supplémentaire, une sortie en cortège de l'église jusqu'au quai du Bassin Vauban pour la bénédiction de la flotte. Les cabarets sont ouverts exceptionnellement jusqu'à minuit et chaque équipage a son estaminet approprié souvent en fonction du lien de parenté entre le capitaine et le tenancier.

Ploubazlanec (Côtes-d'Armor) - La Kroas Pell (croix lointaine) rebaptisée la Croix-des-Veuves par Pierre Loti. C'est ici que les femmes des islandais se réunissaient pour guetter le retour des goélettes. © C. Renault

Dunkerque (Nord) - Notre-Dame des Dunes veillant sur le départ des islandais. © coll. Gisserot

Pourquoi donc l'actuel carnaval de Dunkerque s'intitule-t-il «la bande des pêcheurs ? ». Deux faits vont se télescoper au milieu du XIXe siècle : la persistance du carnaval et le changement de la date de départ. Les Pays-Bas espagnols avec la Rhénanie et la Bavière sont devenus dès le début du XVIIe siècle la ligne « Maginot » de l'Église catholique. Avant-poste d'une contre-réforme qui veut en découdre avec l'Europe du Nord protestante. Le clergé, habilement, a su récupérer ses troupes un tant soit peu perdues au milieu du XVIe siècle, en particulier en lui laissant, sous son contrôle évidemment, quelques fêtes d'origine païennes quand on y regarde de plus près, comme les trois jours de carnaval avant les 40 du carême. Au temps de la réglementation du départ, il n'y eut pas de confusion à tel point qu'à partir de 1853, la messe de départ se fêta vers le 25 mars, date de fondation de la Petite Chapelle. Mais lorsqu'en 1863, le départ devint définitivement libre, c'est une course folle pour quitter le port dès le début de février quand le traditionnel carnaval se déroule. Les deux fêtes vont alors fusionner totalement.

Paimpol nous présente un scénario à la fois très voisin et très proche de celui de Dunkerque. Le rôle de l'Église n'est pas à souligner : Bretagne et Flandre sont parties des terres où foi et identité sont

Dunkerque (Nord) - Procession à Notre-Dame-des-Dunes. © coll. Alain Deflesselles

Le Grand Pardon d'Islande à Paimpol - Le Petit Journal, 27 février 1898, n°380. © coll. Renault

Paimpol (Côtes-d'Armor) - Le quai central. Reposoir de la Fête des Islandais. © coll. Claude Roy

consubstantiellement liées. Ce n'est pas un hasard si le premier historien de cette pêche soit Mgr Kerlévéo qui débuta sa carrière comme vicaire à Paimpol de 1935 à 1944. Le clergé local est beaucoup plus présent qu'à Dunkerque. Dès 1859, l'évêque de Saint-Brieuc vient bénir la flotte avec tout le décorum que cela sous-tend et l'essence chrétienne du marin breton est déjà devenue dogme. À partir de 1867, est célébré tous les ans le légendaire pardon et les pêcheurs portent en procession la statue de Notre-Dame de Bonne-Nouvelle le dernier dimanche précédant le départ. Sur le môle, un grand autel néogothique permet de célébrer la messe devant des centaines de personnes, au milieu des goélettes arborant le grand pavois. La lutte entre républicains et catholiques entraîne à partir de 1904 une guerre des pardons qui préfigure celle entre Don Camillo et Pepone. Un pardon laïc est instauré, en l'absence de toute soutane, mais l'armistice est signé en 1913, date à laquelle la fête traditionnelle reprend son cours pour le plus grand plaisir des touristes.

Laval (Mayenne) - Gaud Mevel, l'héroïne de Pêcheur d'Islande, peinte par Emma Herland. © coll. Musée de Laval. Cliché ville de Laval

En passant de la fête religieuse traditionnelle à la civilisation du spectacle, Paimpol rafle la mise médiatique. Pierre Loti (1850-1923), de son vrai nom Julien Viaud, en est le symbole même. S'il n'a jamais navigué dans les parages d'Islande, c'est un incontestable officier de marine doué d'un remarquable talent littéraire. *Pêcheurs d'Islande* (1886) est son plus grand succès éditorial. Bref, il était bon écrivain, au bon moment, au bon endroit. Cette paradoxale authenticité se déploie dans un contexte qui lui est éminemment favorable.

CONCLUSION

Depuis le début du XIXe siècle, la Bretagne est devenue une « terre de mission » ethnographique. Son involontaire exotisme attire une myriade de curieux, de chercheurs plus ou moins sérieux, enfin de touristes plus ou moins éclairés. N'oublions pas les artistes de tout poil, l'emblématique école de Pont-Aven. Si nous ajoutons une celtomanie ambiante aux mystères de la mer, Paimpol bénéficie alors d'incontestables atouts pour valoriser son aventure islandaise. Cette dernière est devenue présentement une saga exclusivement bretonne, mieux, une mémoire identitaire. Dunkerque faisant partie de cette Europe qui se transforme constamment depuis le XVIe siècle au nom de la modernité, n'a jamais vu dans les « islandais » qu'une simple opportunité économique, et à ce titre, ne lui a accordé qu'une spécificité minimale. À la base de ces statistiques voulues ou subies, se trouve un élément-clé : la misère de la population. Ne soyons pas dupes de l'histoire. Nos vieilles sociétés subissaient un mal qui redevient endémique de nos jours, à savoir le chômage. La traditionnelle pression démographique en Flandre, la pauvreté rurale en Bretagne, sont pourvoyeuses de ces contingents de pêcheurs peuplant les ponts des goélettes. Aussi, si ces élégantes filles de la mer ont disparu des océans, il n'y a pas à le regretter, les Dunkerquois et les Paimpolais ont eux aussi le droit de bénéficier des mêmes conditions de vie que leurs compatriotes.

Dunkerque (Nord) - Les quai des Hollandais, arrivée des pêcheurs d'Islande. © coll. Alain Deflesselles

Table des matières

1

L'auteur et l'éditeur remercient : Mesdames France le Bohec, adjointe à la Culture à la mairie de Paimpol et Antoinette le Falher, directrice des musées de Laval. Messieurs Alain Deflesselles, Jean Le Meur, Claude Roy, Jean-Paul Cadic et l'association des amis du Musée de la Mer de Paimpol et le vice-amiral Bernard Merveilleux du Vignaux, président de la Société des Œuvres de Mer pour leur aide précieuse.

2

1 : Hameçon à morue. 2 : Tonneau à sel. - Musée de la Mer à Paimpol (Côtes-d'Armor). © C. Renault
L'illustration de la morue en pages impaires est issue de « Les poissons - tome 3 » de Gervais et Boulart - XIXe s. © coll. Gisserot

 Ce livre a été imprimé et broché par POLLINA, 85400 Luçon - n° L64301. *Imprimé en France*

IMPRIM'VERT®